BEI GRIN MACHT SICH IHR WISSEN BEZAHLT

- Wir veröffentlichen Ihre Hausarbeit,
  Bachelor- und Masterarbeit

- Ihr eigenes eBook und Buch -
  weltweit in allen wichtigen Shops

- Verdienen Sie an jedem Verkauf

Jetzt bei www.GRIN.com hochladen
und kostenlos publizieren

Sebastian Ketting

Die Talkshow als Methode im Politikunterricht – Chancen und Gefahren

GRIN Verlag

Bibliografische Information der Deutschen Nationalbibliothek:

Die Deutsche Bibliothek verzeichnet diese Publikation in der Deutschen National-
bibliografie; detaillierte bibliografische Daten sind im Internet über http://dnb.d-
nb.de/ abrufbar.

Impressum:

Copyright © 2009 GRIN Verlag GmbH
Druck und Bindung: Books on Demand GmbH, Norderstedt Germany
ISBN: 978-3-656-06382-7

Dieses Buch bei GRIN:

http://www.grin.com/de/e-book/182380/die-talkshow-als-methode-im-politikunter-
richt-chancen-und-gefahren

GRIN - Your knowledge has value

Der GRIN Verlag publiziert seit 1998 wissenschaftliche Arbeiten von Studenten, Hochschullehrern und anderen Akademikern als eBook und gedrucktes Buch. Die Verlagswebsite www.grin.com ist die ideale Plattform zur Veröffentlichung von Hausarbeiten, Abschlussarbeiten, wissenschaftlichen Aufsätzen, Dissertationen und Fachbüchern.

Besuchen Sie uns im Internet:

http://www.grin.com/

http://www.facebook.com/grincom

http://www.twitter.com/grin_com

TU Dresden

Philosophische Fakultät

Institut Politikwissenschaft

Seminar: Unterrichtsverfahren im Fach Gemeinschafts- und Sozialkunde

SoSe 2009

Seminararbeit:

Die Talkshow als Methode im Politikunterricht

–

Chancen und Gefahren

Name: Sebastian Ketting

Fachsemester: 2

Studiengang: LA BA ABS Geschichte/Gemeinschaftskunde

Gliederung der Arbeit:

1. Einleitung

Die Bandbreite der Unterrichtsmethoden, gerade im Politikunterricht, ist groß und sehr vielseitig. Lernen kann im Forschen, spielend und durch viele andere Projektarten stattfinden. Oft ist dies auch Erfolg bringend, jedoch ist das Elementarste, wodurch Lernen geschieht, das Gespräch.

1.1. In Gesprächen lernen

Sowohl im privaten, aber auch im schulischen bzw. beruflichen Bereich nehmen die meisten von uns den Großteil der Informationen über Gespräche auf. Da wir täglich Inhalte über Gespräche aufnehmen, ist der Körper gewissermaßen auf diese Art der Aufnahme von Botschaften *trainiert*. Die Aufnahme dieser geschieht oft unbewusst, manchmal aber auch ganz bewusst, um relevante Informationen abzuspeichern.

Gerade im Vergleich zum Lesen von Informationen ist die Vermittlung derer im Gespräch deutlich effektiver für viele Menschen bzw. Schüler. Die Konversation hat im Vergleich dazu beispielsweise den Vorteil, dass die Informationen auf zwei Ebenen, nämlich auf der verbalen und der nonverbalen Ebene, welche einen deutlich größeren Effekt als landläufig angenommen hat, vermittelt werden können.

Ein Vorteil, im Vergleich mit dem im Politikunterricht immer öfter verwendeten Video, ist, dass weniger die Gefahr besteht, in ein übersteigertes *Infotainment* zu geraten und die Schüler mit Reizen zu überfluten bzw. vom eigentlich wichtigen zu vermittelnden Inhalt abzukommen.

Eine Methode, die durch manche Didaktiker ebenso mit der gefährlichen Wirkung des *Infotainments* in Verbindung gebracht wird, ist die Talkshow. Sicher besteht bei dieser Methode die Gefahr, dass von den Schülern eventuell eine zu starke Ähnlichkeit zu den zahlreichen TV-Duellen hergestellt werden will. An dieser Stelle ist es jedoch Aufgabe der Lehrkraft, die Schüler darüber aufzuklären, dass bei der Talkshow als *Methode* sehr viel stärker inhaltliche Aspekte im Vordergrund stehen sollen, als dies im Fernsehen der Fall ist.

Ich habe mir diese Methode ausgewählt, da ich die Talkshow im Politikunterricht oft für sehr geeignet halte, weil sie neben der Motivation vieler Schüler auch den Vorteil besitzt, dass die kontroversen Strukturen der Politik für die Schüler sichtbar werden; dass der sachliche Konflikt in der Politik nicht nur alltäglich, sondern auch durchaus erwünscht ist.

1.2. Strukturierung und Ziele der Arbeit

Ich möchte mir die Frage stellen, ob sich mein erster Eindruck bestätigt, dass diese Methode für den Politikunterricht sehr gut geeignet ist und an welchen konkreten Stellen Schwierigkeiten auftreten und Fehler geschehen können.

Zugegeben sind bei der Planung einer solchen Talkshow viele Dinge zu beachten, angefangen von der „schlichten" Auswahl des Themas, welches dafür geeignet ist. Dieses sollte die Schüler nicht sehr stark emotional betreffen, was ich später auch noch einmal genauer erläutern werde. Diese wichtigen zu beachtenden Aspekte bei der Vorbereitung und Durchführung der Talkshow im Politikunterricht werde ich im ersten Teil meiner Abhandlung ansprechen. Weiterhin werde ich mich den Gefahren und Chancen dieser Methode widmen, sowie der konkreten Planung einer solchen Stunde am Beispiel des Mindestlohns. Zudem gehe ich darauf ein, inwiefern diese Methode Sanders Prinzipien gerecht wird. Am Ende werde ich abschließend ein Fazit ziehen, ob diese Methode meiner Meinung nach eher zu empfehlen oder eher mit Vorsicht zu betrachten ist.

2. Die Methode Talkshow

Im Folgenden werde ich auf die verschiedenen Phasen in der Anwendung dieser Methode eingehen. Dabei spreche ich Elemente an, welche in der gesamten Anwendung dieser äußerst dringend zu beachten sind, denn an einigen Stellen können anderenfalls enorme Probleme und unerwünschte Effekte eintreten. Insgesamt kann man von einem simplen dreigliedrigen Ablauf der Talkshow im Unterricht sprechen, in dem, nach der Vorbereitung mit der Klasse, die Durchführung und im Anschluss eine Auswertung folgt.

2.1. Die Vorbereitung

Für die Vorbereitung einer Talkshow muss der Lehrende ungefähr zwei Unterrichtsstunden einplanen, da diese sehr aufwendig und komplex ist, wie ich im Folgenden beschreiben werde.

Von entscheidender Bedeutung ist die Auswahl des Themas, welche in den allermeisten Fällen durch den Lehrer geschieht. Nur in Ausnahmefällen kann es der Fall sein, dass das Thema von Seiten der Klasse gefordert wird. Das Thema muss nach dem Kontroversitätsgebot des Beutelsbacher Konsens auch in der Politik aktuell kontrovers diskutiert sein:

„Was in Wissenschaft und Politik kontrovers ist, muss auch im Unterricht kontrovers erscheinen."[1] Ist das Thema bekannt gegeben, geht es darum die verschiedenen Aufgaben und Rollen auf die Schüler zu verteilen. Dabei ist es möglich, wenn nicht sogar erwünscht, dass die Schüler in jeweiligen Gruppen die verschiedenen Positionen und Aufgaben erledigen. Die Gruppe, die den Part des Moderators vorbereitet, ist im Optimalfall leistungsstark bzw. stellt auch einen leistungsstarken Schüler als Moderator, da dieser nicht nur vermitteln, sondern gegebenenfalls auch die Diskussion antreiben muss. Diese Entscheidung sollte der Lehrer, laut Massing, „nicht dem Zufall überlassen. Es kann auch sinnvoll sein, diese Rolle selbst zu übernehmen."[2]

Die Gruppen, welche die Beiträge der Gäste vorbereiten, sollten nach Möglichkeit ungefähr gleich leistungsstark sein. Ungefähr vier Gruppen beschäftigen sich in eigenständiger Recherche, welche vom Lehrer unterstützt werden sollte, mit den politischen Positionen der jeweiligen Person oder Gruppe, welche sie in der Show vertreten. Dafür erhalten sie „Material, das aus einer Rollenkarte mit methodischen Hinweisen und Textmaterial zur Erarbeitung der Argumente besteht."[3] Wichtig ist dabei, dass auf dem an die Schüler ausgegebenen Material nicht nur auf die politischen Positionen, sondern auch die verschiedensten Argumente zu finden sind, welche diese untermauern. Ist dies nicht der Fall, könnte es passieren, dass die Diskussion sehr schnell abflacht und es zu einer Vielzahl von Wiederholungen kommt.[4]

Die Arbeit in der Gruppe ist entscheidend, da die Argumente dieser in der Vorbereitungszeit erarbeitet werden sollen. Von der Qualität und Strukturierung der eigenen Argumente und der Gegenargumente gegen andere Positionen hängt der Erfolg der Diskussion und der Gruppe im Einzelnen ab. Pro Gruppe tritt jedoch nur ein, in der Regel durch die Gruppe ausgewählter Schüler, repräsentativ für die Schüler und die Interessengruppe, in der Talkshow auf.[5]

Die anderen Schüler, welche keine Position für die Talkshow vorbereiten, erhalten Arbeitsaufträge, die nicht zu allgemein gehalten werden sollten, da sonst die Gefahr bestünde, dass diese sonst in einer lebhaften Diskussion überfordert werden könnten.

---

[1] Wehling, Hans Georg in: Mickel, Wolfgang W.: Handbuch zur politischen Bildung, Bonn 1999, S. 174.
[2] Prof. Dr. Massing, Peter: Handlungsorientierter Unterricht. Ausgewählte Methoden, Schwalbach 1998, S. 42.
[3] Pohl, Kerstin/ Soldner, Markus: Die Talkshow im Politikunterricht. Direkte Demokratie- Methoden + Materialien + Arbeitsvorschläge, Schwalbach 2008, S. 42.
[4] Vgl. Prof. Dr. Massing, Peter, 1998, S. 43.
[5] Vgl. Pohl, Kerstin/ Soldner, Markus, 2008, S. 42.

Bei großen Klassen besteht die Möglichkeit, einige Schüler, welche später im Publikum sitzen, damit zu beauftragen, dass diese sich auch mit dem Thema allgemein auseinander setzen und sich kritische Fragen überlegen, die die Diskussionsteilnehmer in der Talkshow in Bedrängnisse bringen könnten.

Alternativ besteht die Möglichkeit, dass einige Schüler die Dekoration und den äußeren Rahmen der Talkshow vorbereiten. Beispielsweise gibt es die Möglichkeit von Musik-, Requisiten- und Lichteinsatz. Hier sind der Kreativität keine Grenzen gesetzt. So sind alle Schüler gezwungen aktiv zu sein.

2.2. Die Durchführung

Für die Durchführung der Talkshow sind laut Pohl und Soldner 20-35 Minuten anzusetzen. Die Länge derer kann differieren, da die Diskussionen sich oft in Intensität, Qualität und Quantität unterscheiden.

Während der Show bringen alle Parteien ihre Argumente vor. Aufgabe des Moderators ist es dabei auch, zu intervenieren, falls die Diskussion unfair und ungerecht, bezogen auf die Gesprächsanteile, verläuft. Zudem sollte er darauf achten, dass es stets eine sachlich-fachliche Diskussion bleibt und sie nicht auf eine rhetorische, vielleicht auch polemische, „Schlacht" hinausläuft.

Das Publikum notiert sich, entsprechend ihren jeweiligen Arbeitsaufträgen, währenddessen ihre Beobachtungen. Zudem hat es die Möglichkeit, direkt mit gezielten Fragen in die Diskussion eingreifen, wie sie auch der Moderator hat.

Ein möglicher Ablauf wäre, dass Thema und Gäste im Eingang der Talkshow durch den Moderator begrüßt werden und die Eingeladenen darauf ihre Eingangsstatements vorstellen. Es folgt die Diskussion, beendet durch die Abschlussstatements, eine Zusammenfassung des Moderators.

2.3.Die Auswertung

Abschließend sollte der Lehrer dringend eine Auswertung folgen lassen, da sie von elementarer Bedeutung ist. Unmittelbar nach der Talkshow sei eine „Distanzierungsphase"[6] von großer Bedeutung, in der die Schüler *aus der Rolle herausgehen* und ihre persönlichen Gefühle und Schwierigkeiten innerhalb der Rolle mitteilen können.

---

[6] Pohl, Kerstin/ Soldner, Markus, 2008, S. 123.

Pohl/Soldner unterscheiden zwei Arten der Auswertung, die inhaltliche und die methodische[7], die ich im Folgenden nur knapp erläutern werde, da es sich hier um *eine* von vielen Ansichten handelt und ich hier vielmehr die grundsätzlichen Ziele der Talkshow-Auswertung in den Vordergrund rücken möchte.

Zunächst zur inhaltlichen Auswertung: Die erste der drei Hauptaufgaben dieser benennen Pohl/Soldner mit der Ergebnissicherung, in der beispielsweise die Beobachtungsgruppen mit identischem Auftrag ihre Argumente in Gruppen zusammentragen und später gegebenenfalls vor der Klasse präsentieren. Im zweiten Schritt, der Kategorialen Analyse, sollen anhand der Argumente politikwissenschaftliche Kategorien erarbeitet werden, welche den Schülern noch nicht bekannt sind, auf die sie aber durch ihre eigene Interpretationsstrategie leicht schließen können. So sollen die verschiedenen Argumente unter einer Kategorie wie „Implizierte Normen und Wertmaßstäbe in den Argumenten" eingeordnet werden. Die dritte Phase ist die vielleicht wichtigste derer: Die Urteilsbildung. Wie diese erfolgen kann, ist sehr variantenreich, jedoch sollen die Schüler in jedem Fall ihre eigene Position zum besprochenen Thema darlegen und auch mit unterstützenden Argumenten gegenüber anderen begründen können. Ob dies vor der Klasse, schriftlich oder auch in den verschiedenartigsten Schülergruppen innerhalb des Unterrichts geschieht, obliegt der Entscheidung des Lehrers.

In der methodischen Auswertung geht es darum, was die Schüler positiv empfanden, an welchen Stellen dieser Methode sie noch Schwächen sehen und was sie demzufolge in Zukunft noch verbessern würden. Zudem ist es eine Möglichkeit, die Schüler einschätzen zu lassen, inwieweit die geschaffene Situation realistisch war, ob ein solches Zusammentreffen und eine solche Diskussion der Akteure in der Realität stattfinden könnten.[8]

2.4. Chancen und Gefahren der Talkshow

Die Talkshow ist ohne Frage eine der spannendsten Methoden im Politikunterricht. da viele Schüler im alltäglichen Fernsehprogramm vieler Sender mit ihr konfrontiert werden. Daher ist sicherlich auch allen dieses Format bereits bekannt und deshalb kennt die überwältigende Mehrheit der Schüler bereits den Ablauf und die Strukturen einer solchen Gesprächsform. Peter Massing nennt das vorherige Wahrnehmen der Talkshow im Fernsehprogramm „Fernsehereignis"[9], durch welches die Schüler motivierter sind.

---

[7] Vgl. Pohl, Kerstin/ Soldner, Markus, 2008, S. 123ff.
[8] Vgl. Pohl, Kerstin/ Soldner, Markus, 2008, S. 133.
[9] Prof. Dr. Massing, Peter, 1998, S. 40.

Die enorme zusätzliche Motivation vieler Lernender ist ein nicht zu unterschätzender Vorteil dieser Unterrichtsmethode, da sich viele Schüler in unserer heutigen Zeit ausschließlich für Dinge begeistern können, die im Fernsehen zu sehen sind. So dürfte das *Nachspielen* einer solchen Situation durchaus reizbar für einige sein. Ist dies der Fall, engagieren und interessieren sich die Schüler sehr viel stärker für ein Thema, was ohne Verwendung dieser Methode vielleicht nur ein abzuarbeitender Punkt im alltäglichen Lehrplan gewesen wäre. Neben der wahrscheinlich zusätzlichen Motivation bietet diese Methode Vorteile, auch in fachlicher Hinsicht. Neben der erworbenen Sachkenntnis über ein Thema oder eine Kontroverse lernen Schüler gegebenenfalls die Positionen verschiedener Parteien, institutioneller und privater Interessengruppen kennen. Zumindest aber lernen sie, sich in die Perspektive anderer hineinzuversetzen, was zum einen für das politische Verständnis, zum anderen für die Sozialkompetenz in Diskussionen allgemein sehr bedeutend ist. Nur, wenn man versucht, sich in die Argumentationen eines anderen hineinzuversetzen, kann man adäquat auf ihn eingehen und in den meisten Fällen noch etwas lernen.

Auch in künstlerischer, selbstgestalterischer Hinsicht ist die Talkshow empfehlenswert. Die Gestaltung der Talkshow Kulisse und Requisiten kann in den meisten Fällen an die Klasse abgegeben werden, da sich nur eine begrenzte Anzahl von Lernenden in der Talkshow direkt als Aktive engagieren können. Aufgaben, wie die Anordnung der Stühle, der Einsatz von Licht und Musik können in die Hände der Schüler gegeben werden.

Natürlich gibt es bei dem Einsatz dieser Methode auch Schwierigkeiten und Gefahren, die durchaus vorhanden sind. Das elementarste Problem, welches auftauchen kann, ist, dass die Klasse trotz dieser Methode noch nicht annähernd genug für dieses Thema interessiert ist, sodass diese Unterrichtsstunden kein Erfolg werden. Diese Gefahr besteht allerdings bei nahezu jeder Unterrichtsstunde und Methode.

Weiterhin könnte es im Verlauf der Talkshow dazu kommen, dass die Lernenden „einen ausschließlich *rhetorischen* Schlagabtausch inszenieren, bei dem inhaltlichen Argumente irrelevant werden".[10] Dem kann man entgegenwirken, wenn man die Schüler im Vorfeld, während der Planung der Talkshow, mit einer ausreichenden Menge an Informationen und Hintergründen zum Thema und zu den Positionen der einzunehmenden Rollen konfrontiert. Prof. Dr. Peter Massing gibt zu bedenken, dass eine Vermischung „von Politik und Unterhaltung unkritisch reproduziert wird"[11]. Die Talkshow sei ein Produkt der Medien, in dem oft nur darauf abgezielt wird, die verschiedenen Parteien aufeinander zu hetzen und in dem eher *rhetorische* als inhaltliche Debatten geführt würden, die im politischen Alltag der *Kon-*

---

[10] Pohl, Kerstin/ Soldner, Markus, 2008, S. 39.
[11] Prof. Dr. Massing, 1998, S. 40.

trahenten in dieser Weise sicher nur schwer vorstellbar stattfänden.[12] Daher sei diese Methode nie unkritisch und zu häufig zu verwenden, da die Diskussion bei Themen, welche *ohnehin* schon emotional für Schüler sind, dazu abdriften könnte, sich auf einer vordergründig emotionalen Ebene zu bewegen.[13] Dies ist in der Tat ein Gedankengang, welcher durchaus ernst zu nehmen ist. Allerdings gibt es außer den emotional berührenden Themen viele andere Streitfragen, über die es sicherlich möglich ist, in einer Klasse ausschließlich auf einer sachlichen Ebene zu diskutieren.

Sicher besteht durch die mögliche Emotionalisierung und die Fernseherfahrung auch die Gefahr, dass bei den Schülern der Eindruck entsteht, Politik würde größtenteils auf *dieser* Diskussionsebene stattfinden. Diesen Irrtum klarzustellen, ist an dieser Stelle sicher Aufgabe des Lehrers, jedoch besteht die Gefahr der Polemisierung und der Entfernung vom eigentlichen Problem viel weniger im Unterricht als in den TV-Duellen.

Eine solche Vermischung kann auch eine Chance sein, wenn die Schüler dadurch überhaupt erst Interesse gewinnen und Entscheidungen der Politik für sie greifbar, teilweise auch nachvollziehbar werden.

3. Beispiel: Mindestlohn

Ich habe mich bei meinem konkreten Beispiel eines solchen Stundenkomplexes für das Thema Mindestlohn entschieden, da ich es zum einen persönlich einfach sehr interessant finde. Zum anderen kann dieses Thema die Schüler, welche im Alter sind, den Politikunterricht zu besuchen, in einigen Jahren selbst betreffen. Daher lohnt es sich für die Schüler, die Vor- und Nachteile dessen kennen zu lernen und sich ihre eigene Meinung darüber zu bilden.

Ich werde dabei zunächst auf die Besonderheiten des Beispiels eingehen und anschließend untersuchen, inwieweit die Methode Talkshow und auch das konkrete Beispiel speziell den Didaktischen Prinzipien von Sander entsprechen. Natürlich wird Methode und Beispiel diesen Prinzipien verschieden gut gerecht, dennoch möchte ich versuchen aufzuzeigen, dass diese, jedem der Prinzipien Sanders in irgendeiner Weise gerecht werden.

---

[12] Prof. Dr. Massing, Peter, 1998, S. 41.
[13] Vgl. Prof. Dr. Massing, Peter, 1998, S. 44.

3.1.Besonderheiten in der Vorbereitung des Beispiels

Im Rahmen der Diskussion um den Mindestlohn ist es eine Möglichkeit, die Positionen aller im Bundestag vertretenen Parteien vorzustellen und jede durch einer Rollenkarte und Schülergruppe zu repräsentieren. Die Rollenkarten sollten dabei möglichst einheitlich formatiert und die Informationen stets nach demselben Muster angeordnet sein. Beispielsweise lässt man für jede Partei einen Schüler, welcher eine jeweils bekannte Persönlichkeit der Partei darstellt, in der Talkshow sprechen. So wäre es denkbar, dass auf der Rollenkarte Nummer 1 die Bundeskanzlerin Merkel dargestellt ist. Weiterhin sollte man auf jeder Karte die Position und Funktion der betreffenden Person finden. In diesem Fall müsste darauf zumindest zu finden sein, dass Frau Merkel Partei- und Fraktionsvorsitzende, sowie Bundeskanzlerin ist, und somit die groben Richtlinien ihrer Partei, der CDU, und der Bundesregierung in allen Politikbereichen beeinflussen kann. Darüber hinaus ist es zudem möglich, Verhaltensweisen dieser Person auf den Rollenkarten zu erwähnen. Beim Beispiel Angela Merkel wäre z.B. ihre sehr ruhige sachliche Art zu erwähnen, wohingegen andere Politiker sehr impulsiv und extrovertiert sind.

Laut dem Überwältigungsverbot, welches auch Indoktrinationsverbot genannt wird, „ist es nicht erlaubt, den Schüler — mit welchen Mitteln auch immer — im Sinn erwünschter Meinungen zu überrumpeln und damit an der Gewinnung eines selbständigen Urteils zu hindern. Hier genau verläuft nämlich die Grenze zwischen Politischer Bildung und Indoktrination."[14] Dies ist der Grund, warum meiner Meinung nach alle Bundestagsparteien an dieser Stelle ihren Platz finden müssen. So wären denkbare Vertreter Frank-Walter Steinmeier von der SPD, Renate Künast von den Grünen, Guido Westerwelle von der FDP, Horst Seehofer von der CSU und Gregor Gysi von der Linkspartei.

Weiterhin bedarf es zusätzlicher Informationen, wie die jeweilige Partei zu diesem Thema steht, welche Ideologien, vielleicht auch Wähler-Zielgruppen ursprünglich hinter den Parteien stehen. So sind die bürgerlichen Parteien CDU, CSU und FDP gegen einen gesetzlichen Mindestlohn, da sie von Grund auf von weniger staatlicher Kontrolle und der Prämisse ausgehen, eher die Wirtschaft zu stärken, als den einzelnen Bürger, da sie die Wirtschaft als den Ausgangspunkt allen Wohlstands sehen und nicht die staatliche Stützung der Bürger. Zudem würde ein festgeschriebener Mindestlohn zu Arbeitsplatzabbau führen. Die Positionen derer sind nicht deckungsgleich, aber diese Informationen sind die Basis für alle weiteren speziellen Stellungnahmen dieser Parteien.

---

[14] Wehling, Hans Georg in: Mickel, Wolfgang W.: Handbuch zur politischen Bildung, Bonn 1999, S. 173.

Im Gegensatz dazu steht die Gruppe der Parteien, welche für einen gesetzlichen Mindestlohn plädiert, nämlich SPD, die Linkspartei und Bündnis 90/Die Grünen. Diese gehen vom Grundsatz aus, dass die Wirtschaft stärker vom Staat reglementiert werden sollte, als es die oben genannten fordern, da sie eher von den Interessen der vielen Arbeiter ausgehen, deren Einkommen tendenziell geringer ist. Die einzelnen Positionen dieser Parteien sind ebenso nicht einhundertprozentig gleichzusetzen, da sich die Forderungen derer nicht nur in der *Höhe* des gesetzlichen Mindestlohns unterscheiden.

Für die Einführung in die Methode, aber auch in das konkrete Thema, sowie für die Recherche über die konkreten politischen Forderungen der Parteien ist bei ungeübten Klassen ungefähr eine Unterrichtsstunde à 90 Minuten anzusetzen, da vielen Schülern diese Methode, trotzdem, dass sie die Talkshow bereits als *Show* kennen, noch unbekannt sein wird. Zudem ist das Thema sehr komplex und viele Meinungen innerhalb einer Gruppe schwer miteinander zu vereinbaren sind. Zusätzlich könnte für die Schüler, denen das vorgegebene Material nicht genügt, die Möglichkeit bestehen, sich im Internet noch einmal genauer und auf ihr Interesse hin zielgerichtet mit dem Thema zu beschäftigen. Während dieser Zeit sollten die Schüler in Eigenverantwortlichkeit arbeiten, jedoch sollte der Lehrer jederzeit für Rückfragen zur Verfügung stehen.

Sind die Vorbereitungen abgeschlossen, kann die Talkshow und die rege Diskussion beginnen. Für zusätzliche Ernsthaftigkeit können eine veränderte Anordnung der Stühle und Tische im Klassenzimmer, aber auch Namenschilder der *Politiker* sorgen. Obwohl die Schüler in der Vorbereitungsphase genügend Zeit hatten, kann es natürlich passieren, dass die Diskussion bereits sehr rapide ins Stocken gerät. Geschieht das, ist es Aufgabe des in der Regel leistungsstarken Moderators, die Diskussion wieder mit zusätzlichen Informationen und Fragen anzutreiben. Sollte auch dieser dazu nicht in der Lage sein, halte ich es für wichtig, dass der Lehrer, wie es eigentlich nicht vorgesehen ist, eingreift. Das sollte jedoch nur auf schriftliche Art und Weise, in Form von Moderationskarten geschehen, die in der Lage sind, für neue Impulse sorgen.[15]

Für die Zuschauer können die Arbeitsaufträge in der Art aussehen, dass sie speziell einen *Politiker* während der Diskussion beobachten, seine Argumente notieren und ihn in einer gewissen Weise bewerten. Die Einschätzung der *rhetorischen* Fähigkeiten ist möglich, sorgt aber für Zeitprobleme, da die Auswertung des *Inhalts* zeitlich intensiver sein sollte.

---

[15] Vgl. Pohl, Kerstin/ Soldner, Markus, 2008, S. 117.

3.2. Kontroversität des Themas

Der Mindestlohn ist neben der Wirtschaftskrise eines der umstrittensten politischen Themen in der Öffentlichkeit, da sich, neben der erst letztes Jahr aufkommenden Wirtschaftskrise, auch die stetige Rationalisierung und Technologisierung auf dem Arbeitsmarkt auswirkt.

Immer mehr Stellen werden gekürzt und die Zahl der Niedrigverdiener steigt, da die Zahl der verfügbaren Stellen sinkt und sich damit auch das Risiko erhöht, arbeitslos zu werden. Deshalb ist dies ein kontroverses Thema, welches sicherlich die Wahlkämpfe zur diesjährigen Bundestagswahl und den Länderparlamentswahlen bestimmen wird. Nicht nur aus diesem Grund, sondern auch, weil die Schüler in der Zukunft davon betroffen sein könnten, ist dieses Thema von großer Relevanz und sorgt wahrscheinlich dafür, dass die Schüler ihre eigene, in Zukunft mögliche, Betroffenheit von dieser Thematik wahrnehmen. Die Schüler sollen kennen lernen, welche Vorteile, aber auch mögliche Kosten die Einführung eines solchen Mindestlohns nach sich ziehen könnte.

3.3. Problemorientierung

Gagel sieht eine zusätzliche Motivation darin, wenn beim Behandeln eines Stoffgebietes *problemorientiert* gearbeitet wird. Vorraussetzung dafür sind Themen, welche noch nicht durch die Politik gelöst sind, viele Menschen auf eine unangenehme Art und Weise betreffen und deren Diskussion durch die konkreten Interessen von Personen, NGO's oder Staaten bestimmt wird.[16] Diese Anforderungen an ein Thema ist die Talkshow in der Lage zu erfüllen, denn es ist nicht nur möglich, sondern auch äußerst erwünscht, dass durch die Schüler problemorientiert gedacht wird. In der Beschäftigung mit der Position des anderen und der Diskussion, in der sie mit den entgegenstehenden Positionen konfrontiert werden, lernen sie sinnvolle Gedankengänge, aber auch Gemeinsamkeiten kennen. Zudem werden sie durch die eigenen und die verschiedenen Gegenargumente der anderen dafür sensibel, welche Lösungsansätze Chancen erschließen und welche sehr problematisch, wenn nicht sogar falsch sind, durchzuführen. Am Beispiel Mindestlohn erfahren sie, dass eine Einführung dessen einerseits die Wirtschaft *ankurbeln* könnte, da mehr Geld auf die konsumierenden Arbeiter verteilt würde, aber dabei auch entweder enorme staatliche Subventionen oder die Streichung von zahlreichen Arbeitsplätzen nach sich ziehen würde. So werden viele Schüler, außerhalb der Rolle, am Ende des Komplexes ihren eigenen Lösungswunsch für dieses Problem hergestellt haben.

---

[16] Gagel, Walter: Einführung in die Didaktik des politischen Unterrichts. Opladen 1983, S. 53ff. .

3.4. Exemplarisches Lernen

An dieser Stelle gibt es das bereits angesprochene Problem, der Verallgemeinerung der *Talkshow-Politik-Kultur* auf die *Real-Politik-Kultur*, welche fälschlicherweise anhand der Fernsehsendungen bei vielen Schülern stattfindet. Sicher sind die Diskussionen im TV nicht für die wirkliche politische Kultur zu halten. Dieser Irrtum muss den Schülern auch vor Augen geführt werden.

Effektiv exemplarisch lernen die Schüler, wenn die Diskussion sachlich bleibt und die Schüler tiefgründig gearbeitet haben. Dann nämlich können die Schüler lernen, wie eine politische Diskussion abläuft und dass diese durchaus effektiv sein kann. Die Lernenden erkennen, dass Politik immer „das noch nicht Entschiedene"[17] ist. Zudem wird ihnen am Beispiel *Mindestlohn* exemplarisch deutlich, welche Paradigmen die verschiedenen Parteien in ihrem weiten Politikverständnis besitzen. Außerdem können bei einem anderen Thema, wie beispielsweise „Der Nutzen von Föderalismus" die allgemeinen Strukturen unseres politischen Systems deutlich und diese Kenntnisse auch auf andere Sachverhalte angewandt werden.

3.5. Adressatenorientierung

Adressatenorientierung, also die Orientierung am Wissen des Schülers, bedeutet im speziellen Falle dieser Methode, dass der Lehrer bereits in der Überlegung diese Methode anzuwenden reflektiert, ob die Schüler dieser schon gewachsen sind. Verfügen sie zum einen über die Reife, die für das Thema oder die Methode erforderlich ist und haben sie zum anderen das notwendige Vorwissen, sodass eine weitere Vertiefung sinnvoll erscheint? Beim Beispiel Mindestlohn müsste man sich fragen, ob die Diskussion in den Medien in *der* Art und Weise präsent, aber auch verständlich ist, sodass die Schüler der Diskussion mit dem Thema gewachsen sind.

Mangelt es lediglich noch an einem sehr geringen Anteil von Basiswissen, so kann man dem mit ausführlichen Materialien oder einem einfach zu erschließendem Thema der Talkshow Abhilfe schaffen. Durch diese Maßnahmen können jedoch lediglich nicht allzu große Lücken im notwendigen Vorwissen geschlossen werden.

Wichtig bei der Orientierung am Schüler ist weiterhin, dass eine Verbindung vom behandelten Gegenstand zu seiner eigenen Lebenswelt hergestellt wird.

Kaum eine Methode ist so nahe an der Lebenswelt von Teenagern als die Talkshow, denn

---

[17] Giesecke, Hermann: Didaktik der Politischen Bildung. München 1962, S. 21.

dieses Format bestimmt das tägliche Fernseh-Konsumverhalten der Jugendlichen. Zwar sind politische Themen in diesen Nachmittags-Talkshows sehr überschaubar gesät, aber die Jugendlichen werden dadurch mit diesem Format konfrontiert. Schaut man sich die Entwicklung der letzten Jahre an, stellt man fest, dass Jugendliche sehr viel stärker für Dinge zu begeistern sind, die man in den „neueren" Medien finden kann. Deshalb dürfte der Großteil der Schülerschaft erst einmal etwas motivierter als für eine *normale* Stunde oder Methode sein.

Im besten Fall befinden sich Schüler in der Klasse, die politisch interessiert sind und bereits einige Politik-Talks kennen und regelmäßig verfolgen. Zwar ist hierbei wieder das Problem zu beachten, dass diese Art von Diskussion oft polemischer als im politischen Alltag üblich und notwendig geführt wird, der Motivation allerdings tut dies keinen Abbruch.

Wie bereits erwähnt stehen Schüler, die den Politikunterricht besuchen, in der Regel kurz vor dem Einstieg in die Berufswelt. Daher sollte es für sie von großem Interesse sein, wie die Politik die Debatte über den Mindestlohn entscheidet und wo darin Vor- und Nachteile liegen. Möglicherweise arbeiten auch Eltern von einigen Schülern in einem Beruf, welcher dem Niedriglohnsektor angehört.

3.6. Handlungsorientierung

Ziel handlungsorientierten Unterrichts ist es, für die Aktivität bei den Schülern zu sorgen, dass sie *handeln*. Keines Sanders Prinzipien findet in der Methode Talkshow mehr Anwendung als dieses, denn die Schüler sind regelrecht gezwungen, permanent aktiv zu sein. Jeder Schüler besitzt einen konkreten Auftrag und muss dementsprechend handeln und arbeiten.

Wenn es um das *Handeln* der Schüler geht, dann sicher auch darum, gewisse Techniken und Handlungen zu trainieren. Im Falle der Talkshow sind diese vielfältig: Beispielsweise lernen die Schüler, politische Informationen mithilfe des Internets und diversen anderen Medien nach einem ganz konkreten Gesichtspunkt zu recherchieren.

Neben dem fachlichen Wissenszuwachs sollte eine Methode, wenn sie der Handlungsorientierung gerecht werden will, auch überfachliche Kompetenzen, wie die Sozialkompetenz, fördern. Auch diesem Punkt wird die Talkshow gerecht, denn schon in der Diskussion mit den Gruppenmitgliedern zur Vorbereitung ist Teamfähigkeit von großer Bedeutung, um sich auf die Relevanz der verschiedenen Argumente zu einigen und die Aufgaben sinnvoll und gerecht zu verteilen. Auch die Diskussionsfähigkeit ist eine Kompetenz, die nicht nur in anderen Schulfächern, sondern auch im alltäglichen Leben sehr wichtig und in weiten

Teilen der Jugend noch nicht sehr stark ausgeprägt ist. Diese wird durch die möglichst sachliche und gesittete Leitung der Diskussion gefördert.

Eine weitere Kompetenz von herausragender Bedeutung unter diesem Stichwort ist die, sich in die Perspektive des anderen versetzen zu lassen. Dies ist zum einen wichtig, wenn im Vorfeld einer Diskussion passende Gegenargumente zur Position des anderen gefunden werden wollen, zum anderen ist diese Kompetenz auch später von Bedeutung, wenn es weniger darum geht, die eigene Position um jeden Preis durchzusetzen. Wenn konkrete Lösungen gesucht werden und es nicht darum geht, *wer* den richtigen Lösungsansatz hat, sondern *was* der richtige Lösungsansatz ist, dann ist es von Notwendigkeit, die guten Elemente in der Argumentationsstrategie des anderen zu erkennen. Umso öfter überhaupt, in diesem Fall im Rahmen einer Talkshow, in der Schule diskutiert wird, desto stärker können diese Kompetenzen entwickelt werden. Deshalb ist die Talkshow ein guter Weg von vielen diese zu fördern.

4. Fazit

Als ich begann, mich mit dieser Methode auseinanderzusetzen, war ich sehr angetan von ihr. Dies ist immer noch der Fall, da die positiven Aspekte dieser Methode überwiegen, auch wenn es einige gibt, die dingend zu beachten sind.

4.1. Schwierigkeiten

Natürlich gibt es einige Dinge, die bei der Durchführung dieser Methode im Unterricht dringend zu beachten sind, da die Talkshow sonst unerwünschte Effekte nach sich ziehen könnte. Auf viele, auch scheinbar kleine Dinge habe ich bereits in meinen bisherigen Ausführungen hingewiesen. Manchen sind diese auch sehr komplex und vielfältig, sodass der ein oder andere diese Methode nach wie vor kritisch sehen und auf diese eher verzichten wird. Beispielsweise sind mehrere Aspekte zu beachten, wenn der Lehrer die Diskussion sachlich halten will. Aber auch die Unterscheidung zur alltäglichen „Fernseh-Politik-Diskussion" muss deutlich gemacht werden. Auf die wichtigsten der zu beachtenden Sachverhalte habe ich im Laufe dieser Arbeit hingewiesen, aber auch in der verwendeten Literatur sind zahlreiche Hinweise zu finden, die das Anwenden dieser Methode erleichtern und sie durchaus anwendbar machen.

4.2. Vorteile

Der für mich absolut wichtigste Punkt hierbei ist die Motivation der Schüler. Sicher sind Inhalte sehr wichtig und die absolut grundlegende Basis für jede Meinungsbildung- und Artikulation sowie Diskussion. Jedoch sehe ich in unserer Gesellschaft das große Problem, dass die Jugend, abgesehen vom radikalen rechten und linken Rand, politisch sehr passiv ist. Politik wird mehr und mehr als etwas gesehen, was fernab ihrer Realität zu sein scheint. Deshalb halte ich es für sehr wichtig, junge Menschen wieder für Politik, für das aktive Mitwirken und Mitbestimmen, zu begeistern, zumindest aber zu interessieren. Oft fehlt für die Beschäftigung mit politischen Themen die Motivation, oft auch die Zeit aufgrund der Vermittlung des Lehrplanstoffs. Die Talkshow ist deshalb eine gute Kombination aus Wissensvermittlung und einer spielerischen Hinführung zur Beschäftigung mit einem politischen Thema.

Ein weiterer Beleg dafür, dass diese Methode durch aus sinnvoll ist, ist der Bezug zu den Prinzipien von Sander. Zu jedem dieser Prinzipien lässt sich ein gewisser Bezug von der Methode aus herstellen. Natürlich wird die Talkshow beispielsweise dem exemplarischen Lernen weniger gerecht als der Handlungsorientierung, jedoch ist zumindest zu jedem Prinzip ein Bezug herzustellen, was bedeutet, dass diese Methode aus mehreren Perspektiven heraus nützlich ist.

Ohne jede Beschäftigung mit dieser Methode war keine Schwierigkeit zu erkennen, jedoch sind diese vorhandenen durchaus abzustellen. Nahezu jede Methode erfordert die intensive Auseinandersetzung mit ihrer Planung, der Durchführung und eventuellen Schwierigkeiten. Wenn man diese Kenntnisse besitzt und durch ihre Anwendung auch Routine erlangt, kann die Talkshow bei ausgewählten Themen eine willkommene Abwechslung sein. Natürlich ist die Talkshow z.B. nicht für emotional aufgeladene Themen geeignet, jedoch kann keine Methode für sich in Anspruch nehmen, jedem Thema gerecht zu werden. Wie auch andere Methoden ist die Talkshow nicht ständig anzuwenden. Sie kann aber ein sehr spannender Bestandteil des Methoden-Fundus eines Lehrers sein, wenn Mut besitzt, etwas Neues zu wagen.

Literaturverzeichnis:

Gagel, Walter: Einführung in die Didaktik des politischen Unterrichts. Opladen 1983.

Giesecke, Hermann: Didaktik der Politischen Bildung. München 1962.

Prof. Dr. Massing, Peter: Handlungsorientierter Unterricht. Ausgewählte Methoden, Schwalbach 1998.

Pohl, Kerstin/ Soldner, Markus: Die Talkshow im Politikunterricht. Direkte Demokratie-Methoden + Materialien + Arbeitsvorschläge, Schwalbach 2008.

Wehling, Hans Georg in: Mickel, Wolfgang W.: Handbuch zur politischen Bildung. Bonn 1999.